| 第五辑 |

找寻遗失在西方的中国史

西洋镜

一个德国飞行员镜头下的中国 1933—1936

[德]格拉夫·楚·卡斯特 摄 赵省伟 编译

台海出版社

图书在版编目（CIP）数据

一个德国飞行员镜头下的中国：1933—1936/（德）格拉夫·楚·卡斯特摄影；赵省伟编译．—北京：台海出版社，2016.12（2023.12重印）

（西洋镜）

ISBN 978-7-5168-1236-5

Ⅰ．①一…Ⅱ．①格…②赵…Ⅲ．①中国历史—史料—1933—1936—摄影集Ⅳ．① K250.6-64

中国版本图书馆 CIP 数据核字（2016）第 291418 号

西洋镜：一个德国飞行员镜头下的中国 1933—1936

| 著　　者：[德]格拉夫·楚·卡斯特 | 编译者：赵省伟 |

| 出 版 人：蔡　旭 | 责任编辑：俞滟荣 |

出版发行：台海出版社

地　　址：北京市东城区景山东街 20 号　　邮政编码：100009

电　　话：010-64041652（发行，邮购）

传　　真：010-84045799（总编室）

网　　址：www.taimeng.org.cn/thcbs/default.htm

E — mail：thcbs@126.com

经　　销：全国各地新华书店

印　　刷：三河市兴博印务有限公司

本书如有破损、缺页、装订错误，请与本社联系调换

开　　本：787mm×1092mm　　1/16

字　　数：150 千字　　　　印　　张：12

版　　次：2017 年 2 月第 1 版　　印　　次：2023 年 12 月第 3 次印刷

书　　号：ISBN 978-7-5168-1236-5

定　　价：88.00 元

飞越中国

20 世纪 30 年代，中国的航空摄影还远未形成气候，一位名叫卡斯特的德国飞行员怀揣着刚问世不久的卷帘式莱卡小相机来到了中国。中国壮美的自然景观深深地吸引了卡斯特，他手中的相机与所驾驶的飞机形成了完美的组合。

"首次飞行在中国的上空，我便深深地沉醉在那别具特色的山河美景中，当即决定将这些风格各异的地形与地貌拍摄下来。照片要兼顾艺术性与纪实性，如实展现自然风光与地质地貌、农业文明下的各式建筑，以及珍贵的名胜古迹。"

这一切跟卡斯特的成长密切相关。格拉夫·楚·卡斯特（Graf zu Castell），1905 年出生于柏林尼施礼茨湖畔的一个贵族家庭。1926 年，21 岁的卡斯特取得了飞行员证书。1930 年，他正式成为德国汉莎航空公司的一名飞行员，主要飞行欧洲航线。1933 年，他来到中国，供职于欧亚航空公司。1937 年，他回到汉莎航空公司，飞德国与近东的航线，并且参与开辟了柏林—喀布尔的航线，那是当时世界上最长的航线。此后，他一直从事航空事业，直至 1972 年退休。

卡斯特自小就对中国有着浓厚的兴趣。庚子事变期间，他的两个叔叔曾参加远征军与义和团作战，年幼的卡斯特经常缠着叔叔们给他讲义和团的故事，他被这些故事深深地吸引，可以津津有味地听上几个小时。1908 年，卡斯特的父母远游东亚，给他带回了很多中国的工艺品，这些工艺品制作精美，造型奇特，令卡斯特着迷。学生时代，卡斯特酷爱探险文学，而当时中国广袤的国土上尚存在着大片人迹罕至的区域，这些神秘的区域激起他强烈的好奇心，使他对中国一直念念不忘。

1931 年，汉莎航空公司与南京国民政府交通部共同成立了中德"欧亚航空公司"，以开辟新的航线。卡斯特成为首批服务于"欧亚航空公司"的飞行员之一。意识到自己长期以来的梦想马上要实现了，卡斯特兴奋异常。

但是，卡斯特的中国之旅却并非一帆风顺。初到中国，卡斯特第一次试飞便发生了事故。当时他接受了一项任务，为上海市民进行一次飞行表演，借以宣传欧亚航空公司。对于飞行经验丰富的卡斯特来说，这自然是小菜一碟，他信心满满地应承了下来。但由于当时上海的机场条件差、跑道短，在降落的时候，飞机起落架折断了，螺旋桨也碰弯了，这令他在飞行员朋友圈内"暴得大名"，一时成为笑谈。

　　事后，卡斯特吸取了经验教训，每次执行飞行任务，他总是小心翼翼，丝毫不敢大意。即便如此，由于当时中国的航空事业处于起步阶段，基础设施差，并且没有天气预报和高质量的飞行地图，卡斯特在执行任务的时候仍然遇到不少困难，不得不屡屡迫降在北方乡村的旷野上、南方水田的沼泽地里。卡斯特曾生动地回忆起他在成都的一次迫降经历。当时整个Ju52飞机的起落架都陷进了泥地里，在没有任何现代化机械设备辅助的情况下，很难将重达 8吨的机身从烂泥中拖出来。卡斯特想到了当地耕田用的水牛，他预测大约需要 10 头水牛。为此，卡斯特和他的机械师花了两天的时间，才说服水牛的主人们。"他们都认为这会伤害到水牛，为此我们费尽口舌才说服他们。"卡斯特将水牛两头一组拴在了机身上，让它们各自的主人在旁边下命令，但是一切都徒劳无功。"这些水牛们和他们的主人们一样保守——几百年来它们只知道拉犁，谁会想到需要它们来拉飞机呢？"几个小时过去了，水牛们仍然无法往一个方向使力，最后绳索都被拉断了，而机身几乎纹丝未动，旁观的村民们大笑不止。

　　卡斯特毕竟飞行经验丰富，一旦适应了新的环境，他便展现出了极强的工作能力。无论是广州—汉口这种气候变化剧烈的航线，还是成都—昆明这种海拔高、地势复杂的航线，他总是能圆满地完成飞行任务。由于国民政府交通部占欧亚航空公司三分之二的股份，卡斯特既需要飞普通客运航线，也要执行政府交付的特殊任务。有一次，他把一些重达上千公斤的炸弹从南京运送到了兰州，不过炸弹并没有投到当时正在进行战斗的战场上，而是在两年后意外爆炸，造成了众多无辜平民的伤亡。1935 年 7 月，第九世班禅曲吉尼玛也曾经搭乘卡斯特驾驶的飞机由南京飞往北京，送行人员中有汪精卫、戴季陶等民国政要。抵达北京后，卡斯特拒绝了班禅送来的乘机费用——整整一盒子纸钞，只要求班禅送他一张签名的照片。

　　在多次飞行中，卡斯特用莱卡相机拍摄了众多珍贵的照片。它们大多是用采用中长焦镜头，拍摄于海拔1000—2500 米的高空。基于对中国的特殊感情，卡斯特回国后将这些照片结集出版，名为《中国飞行》。他希望："对于那些对中国有些了解的西方人，我拍摄的这些航拍照片为他们提供了一个新视角来鸟瞰中国。而对于那些对中国一无所知的西方人，这些信息丰富的航拍照片可以帮助他们更好地认识中国。"

　　感恩卡斯特八十多年前的航拍艺术和勇气，为我们触摸那个远去的时代提供了可能。

编者

目录

广州—汉口

西安—成都

书写着汉字"欧亚"的容克飞机机翼

下方的河流是广东韶关与英德之间的北江，由北向南拍摄。

上海—南京—杭州

上海（一）

黄浦江与苏州河交汇之处，在 1000 米高空拍摄。
照片前部是高楼林立的商业区，后部是浦东区。

上海（二）

在 2500 米高空鸟瞰上海。照片前部
是南市区，后部是闸北区和虹口区。

苏州附近的河道与稻田

这片河流、沟渠与人工运河纵横交错的地区位于上海
西北部、苏州附近，它们构成了当地主要的交通网。

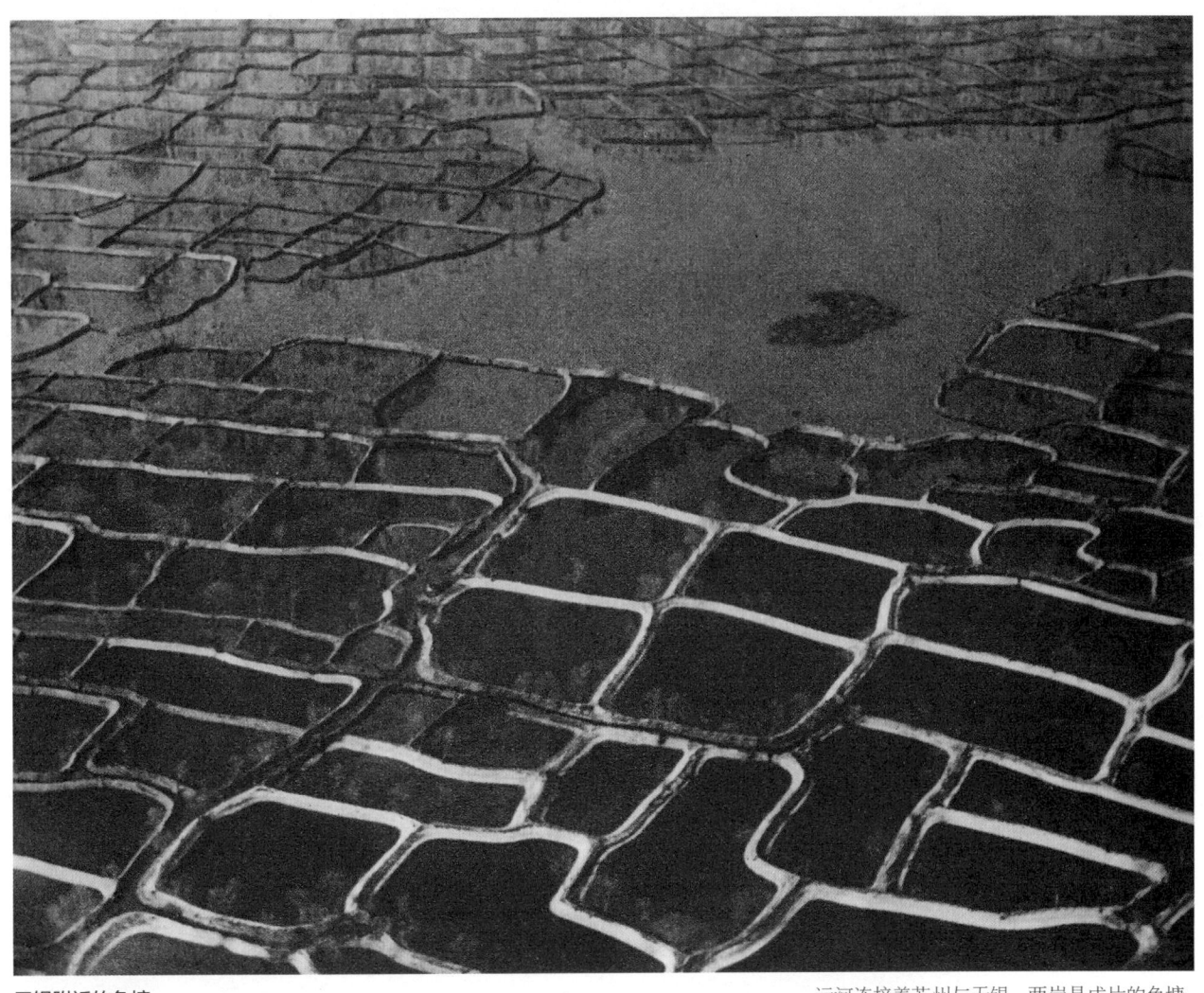

无锡附近的鱼塘

运河连接着苏州与无锡，两岸是成片的鱼塘。

南京紫金山灵谷塔　　　　　　　　　　　1929 年，国民政府为纪念北伐阵亡将士修建了这座塔。

南京中山陵

这座仿古皇陵式样的陵园规模宏大。施工
过程中设计师吕彦直积劳成疾,英年早逝。

南京

由北向南俯瞰南京。照片中我们可以看到英、日两国的军舰在长江游弋。

第九世班禅曲吉尼玛

1934年7月，第九世班禅曲吉尼玛（前排居中着深色长袍者）乘机由南京飞往北平（北京）。送行人员中有戴季陶（前排左三）、汪精卫（前排右一）等民国政要。

杭州钱塘江潮（一）　　　　　　　　　　　　杭州湾数米高的海潮以每小时 25—30 公里的速度汇入钱塘江口。

钱塘江潮（二）

钱塘江潮（三）

南京—北平

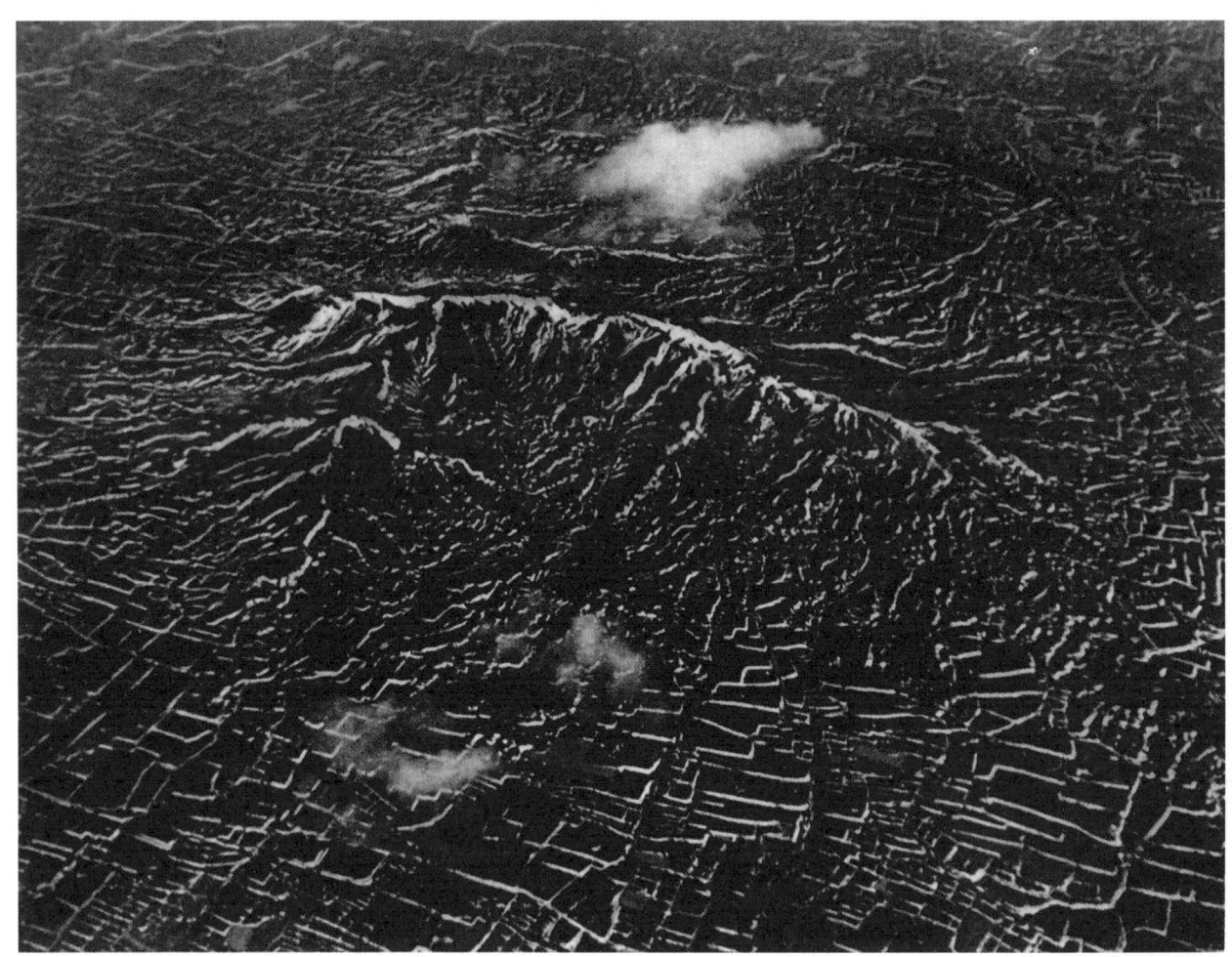

南京西北部

盛夏时节安徽北部的村庄

正是麦收的时节，村子里的麦场上堆满了麦垛。村民们还是
用传统的方式脱粒，由牲口拉石碾，在摊开的麦穗上来回碾压。

隆冬时节安徽北部的村庄

农闲时节农民们会做些手工活计，换些财物补贴家用。树上晾晒的棉布就是他们辛勤劳作的产物。

泰山

泰山位于山东省境内，有"天下第一山"之称。照片中可以看到一条蜿蜒陡峭的小道直达山顶，山顶有寺庙。

北平—郑州

北平的机场

照片中一个戴着念珠、手持纸扇的僧人走过容克 W34 飞机前。

煤山与紫禁城

由北向南低空拍摄。煤山（今景山公园），明代兴建紫禁城时，曾在此堆放煤炭，故名"煤山"。

中央公园与紫禁城

由南向北低空拍摄，左侧是中央公园。中央公园是明清两朝的社稷坛，1914 年辟为中央公园，为纪念孙中山先生，1928 年改名为"中山公园"。

紫禁城

在 200 米低空拍摄。

午门

紫禁城的正南门，在 50 米低空拍摄。

太和殿

在 50 米低空拍摄。

夏宫

夏宫（颐和园），在 400 米低空拍摄。

天坛

在 500 米低空拍摄。天坛始建于明永乐十八年（1420 年），为明清两代帝王祭祀皇天、祈求五谷丰登的场所。天坛有坛墙两重，形成内外坛，均为北圆南方。

祭台与天坛

在 800 米低空拍摄。

祈年殿

祈年殿又称祈谷殿，是天坛的主体建筑，是明清两代皇帝孟春祈谷之所。在100米低空拍摄。

圜丘坛与皇穹宇

圜丘坛

圜丘坛，又称祭天坛，在天坛南半部。

冬宫

在 200 米低空拍摄。冬宫，即北海公园。由于明清皇家经常在此举行冰上运动而得名

地坛的祭坛

地坛始建于明代嘉靖九年（1530年），是明清两朝帝王祭祀"皇地祇神"的场所，也是中国现存的最大的祭地之坛。

北京的城墙　　　　　　　　　　　　　　　　　　　　　北京城西面的巨大城墙是世界上最为壮观的城市防御工事之一。

西山帝王陵　　　　这座皇帝陵墓坐落于北京西南部开阔的平原上，它的周边散落着一些达官显贵的陵墓。

西山

北平附近的西山为太行山北端余脉，永定河贯穿其中，将西山截为南北两段。

承德北部的村庄　　　　　华北平原地区雨水偏少，住房多是平房，既节省了砖瓦木料，又可以在房顶晾晒谷物等。

定州开元寺塔　　　　　　　　　　　　开元寺塔始建于北宋初年，是我国现存最高大的砖木结构古塔之一。

承德的皇陵　　　　　这座皇陵坐落在北平到汉口的铁路边上，修建于明朝。图中中门前可以看到列队操练的士兵。

郑州—洛阳

郑州的市场
郑州是河南省重要的铁路枢纽。图为郑州社火，流动演剧团在临时搭设的帐篷里表演。

佛教圣地嵩山　　　　　　照片由北向南拍摄。郑州西部的黄土地上分布着大量的梯田。照片后部是海拔1670米的嵩山。

洛河（一）

从东向西俯瞰河南洛河洪水。照片中部黑色的右斜线为郑州—洛阳铁路。

洛河（二）

图为洪水肆虐后的河南郾城。大部分房屋被毁。

宋代皇陵

河南巩县东南部典型的金字塔型陵墓。坟墓表面上不起眼，地下规模却很宏大。

洛阳—西安

洛阳（一）　　　　　　　　　　　　　　　　　　　　　　　　照片前景是洛河，自南向北鸟瞰洛阳城。

洛阳（二）

洛阳东城门，自北向南拍摄

黄土高原上的梯田

黄河北部地区独特的黄土高原风光。远处可见连绵的群山,中部是上百米深的沟壑,近处是开垦的梯田。

被侵蚀的黄土地　　　　　　　　河南与陕西交界处的潼关南部黄土冲蚀地貌。其中的沟壑深达上百米，当地交通极为不方便。

被侵蚀的黄土地与村落（一）

照片底部的村落在潼关南部。

被侵蚀的黄土地与村落（二）　　　　　　　　　　　村庄坐落在陕县以南 30 公里处。村民们居住在窑洞里。详见 47 页

窑洞村落

先在平地挖一个长方形的大坑，一般深5—8米，将坑内四面削成崖面，然后在四面崖上挖窑洞，并在一边修一个长坡径道或斜洞子，直通原面，作为人行道。

华山

华山位于潼关附近、黄河拐弯处以南，海拔 2200 米。

西安—兰州

西安西城门　　　　　城门在日落时分关闭，日出以后开启。由于当地匪患盛行，夜间任何人不得入城。

西安

由西向东鸟瞰西安。照片拍摄后不久，由西向东的主干道即被拓宽了四倍。

黎明时分的西安东城门

黎明时分的西安城

咸阳汉皇陵

皇陵呈锥形，高50米，位于咸阳西北部不远处的渭河边。

西安的城墙

由西向东拍摄的西安北城墙，这是作者在中国见到的最雄壮的城墙。

渭河峡谷的村落

武功县南部，咸阳至凤翔的公路边上的窑洞。

咸阳城

由西北向东南鸟瞰咸阳城，照片后部是渭河。

六盘山凉州　　　　　　　　　　　　　　　照片后部是六盘山山脉北部部分，最高处海拔达到 2900 米。

六盘山梯田（一）

冬天拍摄的雪景，照片中的梯田位于陕西与甘肃交界处的灵台县。

六盘山梯田（二）

由北向南拍摄的六盘山西部梯田，海拔 2600 米。

六盘山梯田（三）

甘肃省静宁县西南部尚未开垦的梯田

设防的村庄

村庄坐落在静宁县南部海拔 2600 米的高山上。由于当地土匪横行，村民们便在村庄周围筑起了围墙。照片前部可以看到村民们正在修补围墙。

有人居住的村庄

村庄位于静宁与会宁交界处。

荒废的村庄

照片中的村庄已经荒废，房子也已坍塌，不过围墙依然坚固。

兰州城外的墓葬群

照片右上角是兰州到西安的公路，照片前部是富裕人家单独的坟场。

兰州城　　　　　　　　　　照片左上角的跨河大桥是 1918 年由德国人修建的。自北向南 600 米低空拍摄。

兰州—西宁

兰州西部被冲蚀出的黄土地貌

兰州城西的群山

黄河北岸的黄土地貌，自北向南拍摄。

飞越西宁北部的群山

W34 飞机飞行在青海的黄土高原上。
照片后部是海拔 5000 米的祁连山脉。

青海的黄土山（一）

青海的黄土山（二）

此处山上光秃秃的，几乎没有什么植被。照片
拍摄于西宁河以北,此处山海拔大约是3000米。

在碾伯迫降

碾伯，即乐都县。只要继续飞行10分钟，就可以降落在西宁机场。作者为此懊悔不已。

西宁机场   背景处的乘客是南京国民政府的部长，他此行目的是试图使青海地方政府听命于南京中央政府。

藏族公主　　　　　　她们身着鲜艳的民族服装，佩戴着贵重的首饰及银质的护身符，好奇地打量着飞机。

兰州—凉州

兰州北部的群山

照片中的黄土山位于兰州以北 100 公里处。

兰州北部的村落

兰州北部广袤的群山山谷中,坐落着众多以农耕为生的村落。

腾格里沙漠上的晚霞

腾格里沙漠位于凉州东部。

凉州德国教会布道所　　　　　　　　　　　　照片中的建筑 1927 年 5 月 23 日毁于地震，1928—1932 年耗费巨资重建。

兰州—银川

靖远黄河沿岸的黄土山坡　　　　　　　　　　　　　　山坡位于兰州和靖远之间。大雪之后，可以清楚地看到层层的梯田。

海城镇　　　　　　　　　　　　　海城镇是海原县县城，位于海拔 1900 米的高原上，照片中可以看到当地居民并不多。

甘肃北部的群山

照片中的群山位于靖远县西北部。

戈壁沙漠的南界

照片中的流动沙丘位于中卫地区，靠近黄河岸边。在 800 米低空拍摄。

被沙漠吞噬的长城

阿拉善盟西侧的长城几乎要被沙漠吞噬了。照片中,依稀可以看到长城的走向,中部是烽火台。

宁夏西部的长城

宁夏西部边界的长城。在 800 米低空自东北向西南方向拍摄。

黄河流经宁夏平原

崇山峻岭中，黄河奔流而下，直抵宁夏平原。照片拍摄于宁灵厅（今吴忠市金积镇）。

宁夏—包头

西夏墓葬　　　　　　　　　　　　　　　　　　　　　　这些墓葬位于宁夏北部的高原上，高 25—30 米。在 50 米低空自南向北拍摄。

宁夏草原上的驼队

宁夏西部的草原上，西北方向来的驼队。冬季可以看到上千只骆驼组
成的商队蜿蜒在狭长的商道上，越过长城，进入临近的山西和河南。

宁夏绿洲上的灌溉渠　　　　　　　　　　　由于毗邻黄河，宁夏平原上遍布着灌溉渠与富饶的绿洲。

银川市承天寺塔

承天寺位于银川西北部。由南向北拍摄

银川市北部的塔

照片中的塔位于银川北部 40 公里处。

鄂尔多斯的寺庙群

这是鄂尔多斯最大的喇嘛教寺庙群，位于黄河大河湾
背面的草原上。传说成吉思汗的陵墓就在附近。

鄂尔多斯的塔　　　　　　　　　　　　　　照片中的塔就在喇嘛教寺庙群附近，用来盛放神灵或保存得道高僧的遗骨。

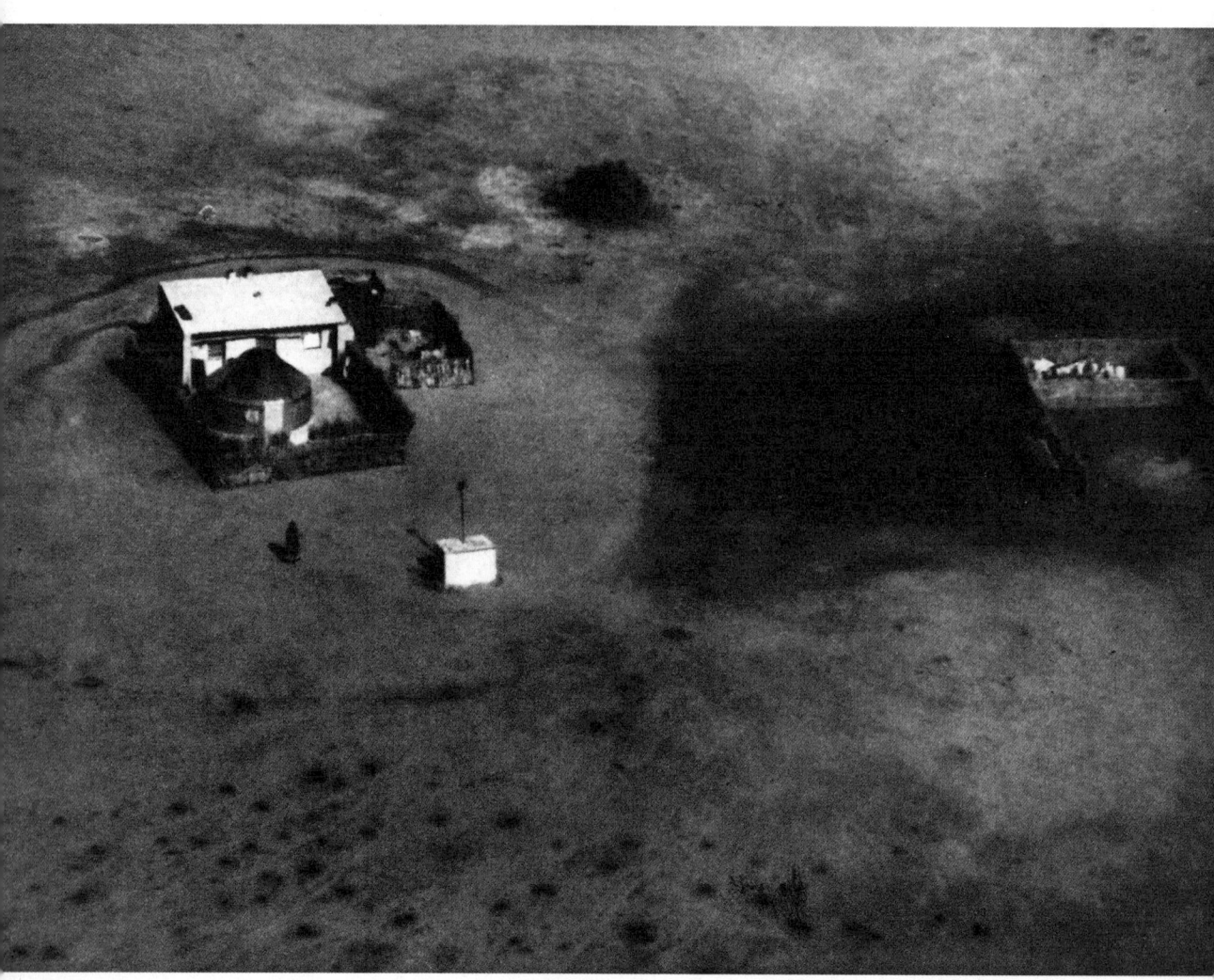

蒙古人院落

汉族农民不断迁移到鄂尔多斯草原上，改变了蒙古游牧民的生活方式。
蒙古游牧民虽然仍旧居住在蒙古包里，但却建起了房屋与院墙。

野马

照片中奔跑的蒙古马，尚未完全驯化。

鄂尔多斯草原

广阔的草原上，两个蒙古人和他们的坐骑显得是那么的渺小。在 80 米低空拍摄。

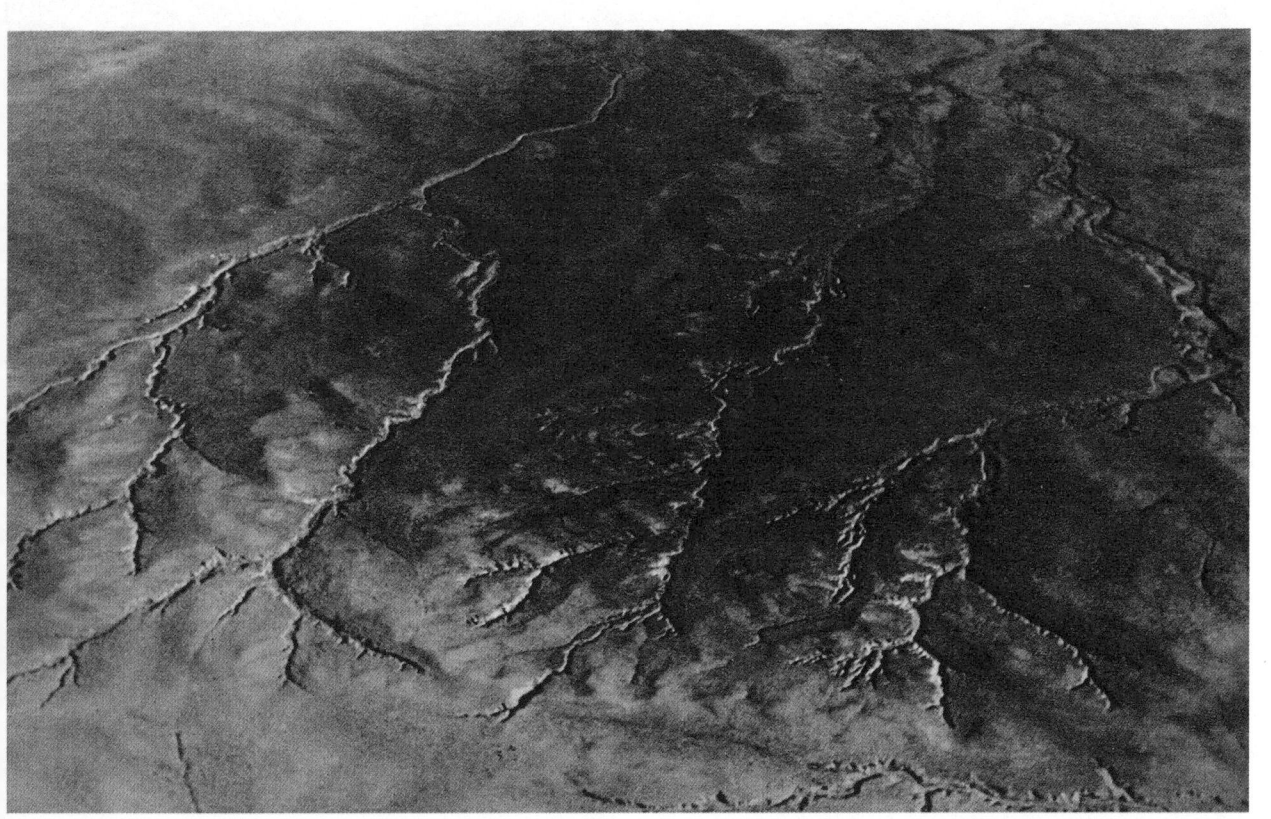

鄂尔多斯边界　　　　　　　　　　　　　　　　　　　鄂尔多斯草原受到了附近沙漠的侵袭，部分已经开始沙化了。

鄂尔多斯的寺庙群

照片中的寺庙群位于鄂尔多斯草原的边缘地带。

包头附近的沙漠

照片中狭长的库布齐沙漠横亘在鄂尔多斯草原和黄河之间。

包头市

这里是由北平来的铁路线的终点站。在 600 米低空自西向东拍摄。

乌鲁木齐

由西北向东南方向拍摄，照片后部是海拔 5500 米高的博格达山。

广州—汉口

广州珠江

珠江上小船众多，常住人口有二三十万人。照片后部的大船是供交际娱乐的花船。

广州中山纪念堂　　　　广州是中国的贸易中心，也是国民革命政府的根据地。国民党正是从这里开始北伐、统一全国的。

广州的女子学校

这是一栋西式的建筑，位于广州城东。

广州白云山上的墓葬　　　　　　　　　白云山西南坡布满了大大小小的墓穴。这里的墓穴多为砖石结构，非常坚固。

广东的村庄

照片里的村庄位于广州以北 30 公里处。

广东村庄里的当铺

照片里的村庄位于广州以北 40 公里处。

广东的稻田

广东清远的梯田，主要种植的是水稻，梯田的具体位置是北江东侧的山谷。

瑶山

瑶山，位于韶关西部约 60 公里处。此处人烟稀少，很是荒凉。

广西东部的喀斯特地貌（一）　　　　　　　　　照片中的山峦位于广东省与广西省交界处、英德以西大约 100—150 公里处。

广西东部的喀斯特地貌（二）

照片中的山峦高200—300米，覆盖有茂密的植被。
中国古代的山水画家经常以它们为素材进行创作

广西东部的喀斯特地貌（三）

广东北江　　　　　　　　　　　　　　　　　　英德至韶关北江段，乌云密布的雨景。照片由南向北拍摄。

潮州（韶关）

北江上正在修建大桥，这条铁路桥是为连接广州—汉口
的铁路而设计建造的。在 400 米低空由北向南拍摄。

在潮州（韶关）紧急降落

因天气原因，飞机只得在潮州紧急迫降。此时正值雨季，飞机滑落到了一片沼泽地里。在当地居民的帮助下，历经重重困难，才将飞机拖出沼泽地。

丹霞山

照片中的山峰（丹霞山）位于潮州西北 40—50 公里处。由南向北拍摄。

北江乐昌段　北江乐昌段连绵不断的山脉，位于广东和湖南的交界处。此处河床深凹，两岸高山耸峙，当天气恶劣、乌云密布之时，飞机就如同穿行在隧道中。河的左岸有一条正在施工的铁路线。

湖南南部的耒河

照片中的石头山位于耒水上游、郴县的东北方向。它的坡面覆盖着灌木丛，形貌光滑。当地的居民常常在自然形成的洞穴里居住，见 117 页图。

山洞里的房子

湖南东部的石头山　　　　　照片中的山脉由桂东向西一直延伸到耒水，大多因过度砍伐变得光秃秃，可以看到脉岩的褶皱。

郴州北部的村庄　　　　　　照片里的村庄位于长沙—郴州的公路旁，村庄四周全是水稻田，街道上是赶集的人群。

耒河　　　由北向南拍摄的耒阳市南部的耒河。照片前部是稻田,后部是湖南南部的山区。

永兴观音岩　　　　　观音岩坐落于便江沿岸，始修于唐朝，现存的木结构庙宇建于清朝，建筑局部有些欧式风格。

湖南南部的稻田

照片中的稻田位于广东与湖南交界处、海拔 2000 米的高山北坡。村庄和树林如同岛屿一般散落在波光粼粼的稻田中。

耒河衡阳段

耒河呈"之"字形流经衡州(衡阳)南部,两岸尽是稻田。此处船只往来众多,
交通异常繁忙。照片后部隐约可以看到湘江,耒河在此处注入湘江。

衡山

衡山海拔 1500 米，是道教圣地。照片中可以看到一条条小道由山脚蜿
蜒至山顶。虔诚的游客沿着这些道路，到山顶的寺庙祭拜。由南向北拍摄。

衡山山顶的寺庙

长沙南部的水稻田

长沙是湖南省省会，位于湖南省东北部。

洞庭湖上的帆船

在洞庭湖以北的临湘附近，长江江面变得特别宽阔。

长江上的竹筏

人们在四川江安扎好竹筏，然后把它投入长江中。竹筏沿江顺流而下，长达数周才能到达目的地。从照片中可以看到，竹筏上还搭建有简易的房屋。

汉口　　　　　　　　　　　　　　　　中国内陆的重要城市。照片中长江水位尚低，不过进入雨季后，水位
　　　　　　　　　　　　　　　　　　会暴涨。一旦冲垮两岸的防洪堤，整个汉口便会陷入一片汪洋之中。

长江洪水泛滥（一）

长江洪水泛滥（二）

1935 年 7 月，特大洪水淹没了汉口以西的大部地区。通过照片我们可以看到，村庄和房屋几乎完全浸泡在水中。即便如此，为了保证邮政运输的通畅，作者不得不冒着很大的危险，执行飞行任务，直至政府关闭汉口机场。

长江三峡宜昌段

长江三峡，上起重庆，下至宜昌。江面最窄处只有150米，
水位最高的时候可达50米，两岸峭壁林立，就像刀劈斧砍一般。

西安—成都

秦岭太白山顶

西望太白山山顶。太白山是秦岭山脉最高峰，海拔4100米。这里是藏羚羊最后的家园。

133

四川广元　　　　　　　　　由南向北拍摄的广元和嘉陵江。广元，是四川的北大门。沿嘉陵江而下，广元是第一个大城市。

摩天岭

广元西部 60—70 公里的摩天岭，是青藏高原山脉的一段。

四川西北部的平原　　　　坐落在嘉陵江和涪江之间的四川平原。 由东南向西北方向拍摄。照片后部是连绵的群山。

嘉陵江（一）　　广元市南部40公里处蜿蜒曲折的嘉陵江。在600米低空由北向南拍摄。

嘉陵江（二）

四川北部山区

黎明时分的山区景色

成都以北潼川（今三台）地区的山区。在 200 米低空由西向东拍摄。

成都周边的稻田

成都盆地的村庄包围在沟渠纵横的稻田中。

成都的机场（一）

成都的机场（二）

第一次驾驶容克 Ju52 飞机在成都降落，起落架就陷入了沼泽地里。起初，我们试图用水牛把飞机拉出沼泽地，不过没有成功。后来，我们不得不把机翼支起来，刨去飞机轮子周边的烂泥，把长条木板垫在轮子下。照片中可以搬运泥土的工具是当地常见的箢箕。

成都西部的山（一）

成都西部的山（二）

成都西部海拔 5500 米的群山

成都—云南

成都

成都，四川省省会，人口约80万，中国最富裕的地区之一。和北平一样，成都城中也有一个满洲城。

四川南部的稻田

山坡上灌满了水的梯田。

乐山大佛

大佛位于嘉定市（今乐山）岷江对岸，高约 60 米，头部高约 10 米

峨眉山

峨眉山是佛教名山，海拔 3200 米，山顶长年云雾缭绕。由南向北拍摄。

贡嘎山   贡嘎山最高峰高达 7300 米，一年四季气候都非常恶劣，1932 年，美国人不可思议地登顶成功。

峨眉山金顶

从照片中可以看到峨眉山金顶上正在翻修的寺庙。由北向南拍摄。

云南北部

照片中海拔 3000 米的山区，位于水富县西南方向 100 公里
处的金沙江与岷江交汇处上游，苗族和傈僳族居住于此。

金沙江峡谷　　　　　　　　　　　　水富县西部，四川与云南交界处的金沙江。海拔 4000 米，由东北向西南拍摄。

傈僳族定居点（一）

傈僳族定居点（二）
定居点位于水富县以西大约 140 公里、金沙江西岸的高山上。在 400 米高空拍摄。

森林大火   着火的森林位于金沙江以南、昆明以北地区。大火应该是在中国随处可见的烧荒引起的。

大火熄灭后的森林

云南北部被烧毁的原始森林。在 4000 米高空拍摄。
从照片中可以看到光秃秃的树木及一些开始泛绿的灌木丛。

金沙江

昆明以北 130 公里的金沙江。两岸的山峰海拔高达 5000 米。金沙江
由东向北改变了方向,一条支流由南汇入金沙江。照片由北向南拍摄。

金沙江两岸的雪山
照片右下方是汇入金沙江的那条支流。雪山海拔约 5500 米。照片由西南向东北方向拍摄。

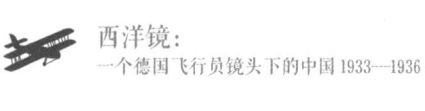
昆明北部风光

昆明　　　　昆明，云南省的省会。中国与南亚国家联系的重要城市。由北向南拍摄，照片后方是滇池。

帕米尔—喀喇昆仑山脉

喀喇昆仑山脉　　　　　　　　　　　瓦罕走廊以东 20 公里处，6200 米高度拍摄海拔 8000 米的喀喇昆仑山脉。由北向南拍摄。

塔什库尔干山谷（一）

塔什库尔干山谷（二）

由西向东拍摄。

瓦罕走廊（一）

中国与阿富汗接壤处、海拔5200米的瓦罕走廊山口。此地终年覆盖着冰雪，人迹罕至。照片由西南向东北方向拍摄。

瓦罕走廊（二）

喀喇昆仑山脉走廊

南望瓦罕走廊。

喀喇昆仑山脉的日出

帕米尔高原

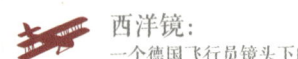
海拔 8000 米的高山

兴都库什山脉中的高山。

飞行在帕米尔高原上空

附录

中国最早的航拍照片

　　《气球下的中国》（*La Chine à terre et en ballon*）首版于 1902 年，是法国远征军官兵们为纪念远征而特别制作的。相册收录了三名法国远征军上尉——普雷森特、卡梅尔和迪舍尔拍摄的北京、天津地区照片 272 张，并有简短的文字说明。其中航拍照片有 12 张，其中 8 张拍的是北京城。这是目前已知的中国最早的航拍照片。

　　这些航拍照片，是普雷森特乘坐法军的侦察氢气球拍摄的。当时法军氢气球容积已经接近 300 立方米，可以承载一个小型吊篮，以及一名摄影师和摄影器材。那时气球还不能自己控制飞行，需要下面有人牵拉定位。

　　一百多年前的中国人并不知道氢气球的用途。八国联军侵入北京后，义和团和清兵与八国联军打起了游击战。法军将氢气球用于侦察，可观测十几公里外清军的调动情况和重要目标。

　　据记载，中国清军也曾装备军用侦察气球，并颁布了《陆军气球预备法》。遗憾的是，清军的军用侦察气球从未参加过实战。今天的我们，只能通过当年入侵的外国军人所拍摄的照片，来瞻仰祖国曾经的风貌，也是重温当年不堪回首的历史。

新北堂弹坑

北京皇宫景观

上图：新北堂和天主教传教会建筑。下图：景山。

北京的使馆区。使馆大街在照片左侧，我们能看到内城城墙，内城在被围期间发生过激烈的战斗。在此照片中仍能看到剩余的街垒和欧式建筑遗迹。

故宫北部和景山

琼华岛和白塔

北京旧北堂街区

白河上由法军建的桥（图片中部）、铁路和火车站（图片上部）、法租界（图片下部）

白河湾。岸边是中国政府的盐场，战争期间，中国人把它们当作掩体。

白河与邻近的围墙

法国租界

航拍时的情景

热气球飞行员指挥官登上气
球把法国国旗挂在白塔塔尖

法国热气球

济南火车站。1928 年 5 月 22 日拍摄。

照片由飞赴山东执行侦察任务的日本第六飞行连队拍摄，当时它们的空军基地在平壤。

中国的第一架飞机。1911 年 4 月 16 日法国《小日报》。最近，飞行员勒内·瓦伦驾驶"山麻式"双翼飞机在上海原野上空进行了一次飞行表演，这在中国尚属首例。这件事极大地震动了中国民众。

法国飞行员贝勒迪尔驾机飞抵上海。1924 年 7 月 8 日法国《小日报》。